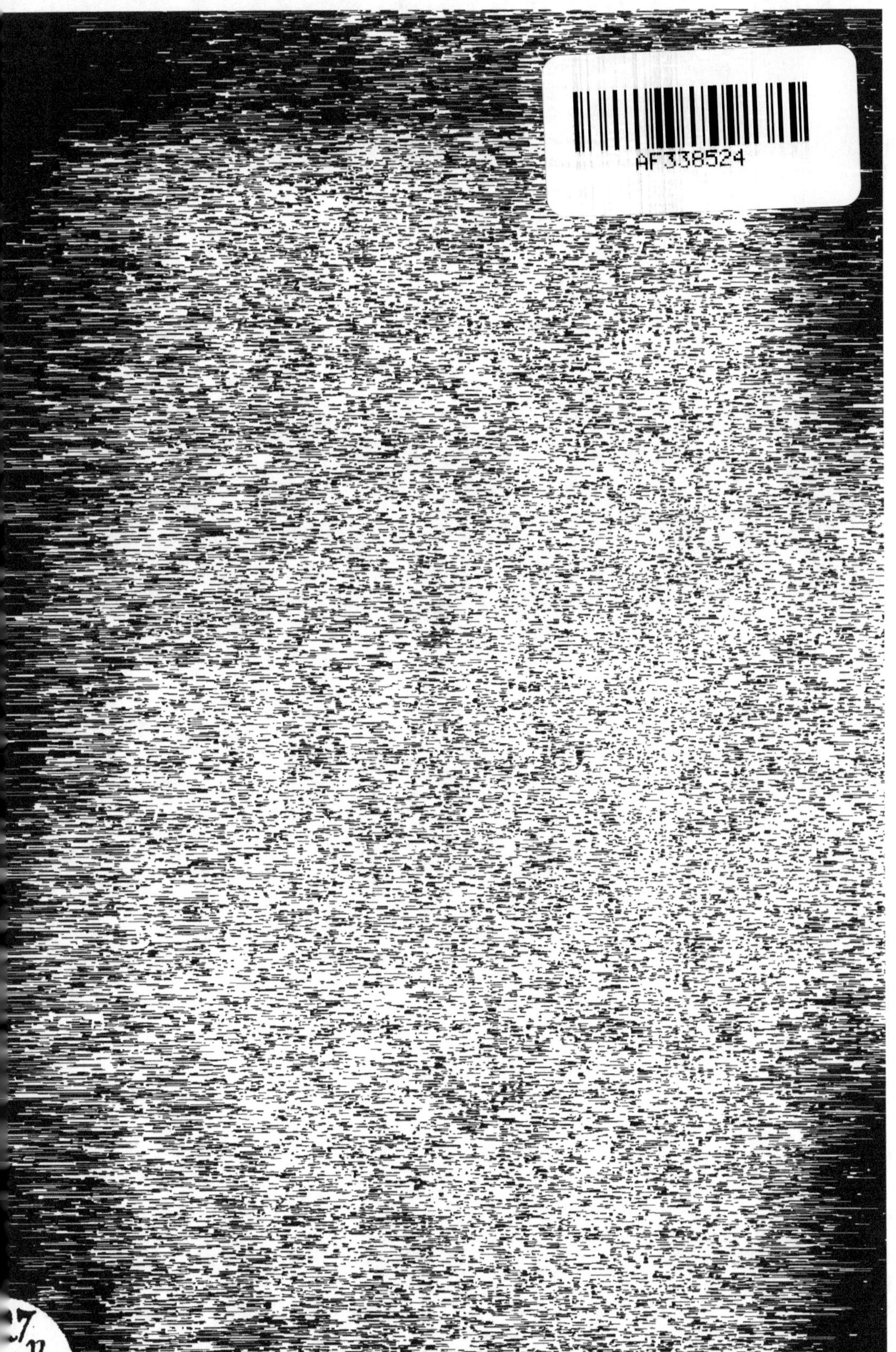
AF338524

ÉLOGE

DE

BERRYER

PAR

Mᶜ A. MASSONI

Avocat.

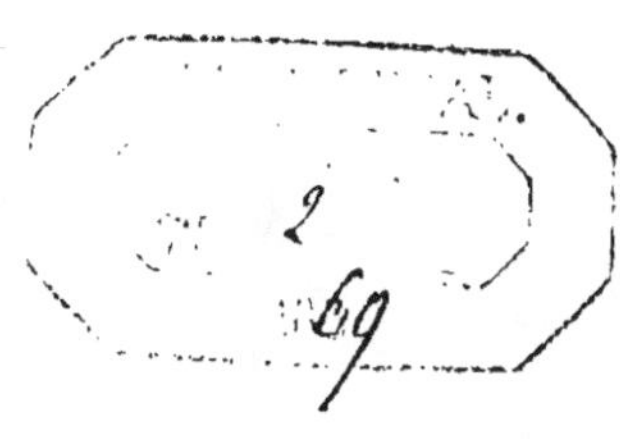

BASTIA

DE LA TYPOGRAPHIE OLLAGNIER

—

1868

MES CHERS CONFRÈRES,

Il y a douze jours, vous avez décidé qu'à l'issue de la cérémonie funèbre en l'honneur de Berryer, un discours serait prononcé dans la salle des conférences de l'Ordre.

Vous m'avez fait l'honneur de me charger de cette tâche, et dans l'expression de vos sympathies, vous avez mis une si grande bienveillance, que j'ai été profondément touché.

Par suite d'incidents qu'il ne m'appartient pas de juger, le discours n'a point été prononcé.

Je livre aujourd'hui à l'impression, et pour

vous seuls, l'*Éloge de Berryer*, en vous priant d'agréer ces quelques pages comme un faible témoignage de gratitude.

Je regrette de n'avoir pu faire mieux, mais votre indulgence me sera certainement acquise en souvenir de ce vers de Térence :

Quoniam non potest fueri quod vis,
Id velis quod possit.

Votre dévoué confrère,

AUG. MASSONI.

Bastia, le 23 décembre 1868.

Lorsque la nouvelle de la mort de Berryer se répandit dans notre île, nous avons tous été saisis d'une consternation profonde. Chaque jour cependant, nous avions vu tomber autour de nous, sous les coups aveugles du destin, des illustrations du pays ; mais il semblait, par l'illusion que l'admiration fait naître, que l'homme qui avait traversé la moitié d'un siècle si agité, toujours debout sur toutes les brèches, devait à la mort même inspirer du respect. Berryer est mort ; l'avocat, le tribun, l'homme de bien, ne sont plus. Le manoir d'Augerville a entendu retentir sous ses voûtes les cris d'une douleur universelle.

Devant le cercueil de Berryer, tous les dissen-

timents, toutes les rancunes, s'étaient dissipés ;
amis, ennemis, venaient rendre à la mémoire d'un
grand citoyen, le tribut d'admiration qu'ils de-
vaient. Quelle touchante et imposante cérémonie !
La pelouse d'Augerville tendue de draps funèbres,
rassemblait le peuple, les rois, la bourgeoisie.

Le barreau de Bastia avait été convoqué à cette
assemblée. Mais la distance qui nous sépare du
continent, les difficultés des communications,
n'ont point permis au représentant de notre ordre,
d'être sur la tombe de l'illustre mort l'interprète
de nos sentiments.

Nous venons, Messieurs, de célébrer en l'honneur de Berryer un service funèbre, et de joindre
par delà la mer aux prières de tous, nos humbles
prières. Vous m'avez demandé, dans ce jour de
deuil de vous parler de Berryer. La tâche que
vous m'imposez est au-dessus de mes forces, et,
lorsque des voix plus autorisées que la mienne se
sont fait entendre, il n'y aurait plus qu'à admirer
et à se souvenir. Mais votre bienveillance m'en-
courage, et Berryer qui a toujours été si généreux
pour tous, daignera peut-être accueillir l'effort du
plus petit.

La Corse, Messieurs, était depuis vingt années
associée aux destinées de la France. Partout, sous
la parole ardente des novateurs, Rousseau, Vol-
taire, les Encyclopédistes, un vieux monde s'é-

croulait pour faire place à un ordre de choses nouveau.

Les abus avaient fait leur temps, le règne de la justice allait commencer par la déclaration des droits de l'homme, la chûte avec fracas de la vieille Bastille, l'abolition des priviléges, le serment du jeu de Paume où tous les courages s'étaient unis dans une pensée commune pour préparer les voies nouvelles. La France arrivait à l'unité ; une nouvelle organisation judiciaire remplaçait les parlements ; la fédération, sorte d'acte constitutionnel, liait le roi au peuple, et à l'arbitraire du passé substituait les promesses du présent avec les aspirations de l'avenir.

Que de faits grandioses ! quel travail magnifique d'élaboration ! Le vieux moule trop étroit pour contenir la France nouvelle se brise ; on respecte le roi, on crie, vive le roi, on l'aime, il méritait d'être aimé, mais au cœur de la nation il y a un amour plus puissant encore, l'amour de la liberté.

Berryer nait alors, et par un de ces mystérieux rapprochements de la fortune, il sera toute sa vie le symbole puissant de l'année 1790 qui l'a vu naître. Comme elle, il aura deux dévoûments, le roi et la liberté. Quand il venait au monde, la voix puissante de Mirabeau réveillait la France, le peuple opprimé levait la tête et osait parler en maître. Berryer sera le continuateur de Mirabeau,

comme le grand Constituant l'était lui-même de
Démosthènes, et il fera retentir dans les assemblées publiques le tonnerre de sa parole.

Victrix causa diis placuit, sed victa Catoni.

Berryer sera toujours du côté des vaincus.

Pendant son enfance, un grand capitaine avait
paru et rempli le monde de ses exploits. La France se l'était donné pour maître, lui abandonnant
sa force, sa richesse, sa grandeur. Il disparaît un
jour emporté par un revers de la fortune, et va
s'éteindre sur un rocher de l'Océan, en laissant
derrière lui des dévoûments que la réaction triomphante prendra pour des trahisons, que la haine
voudra punir.

Un jeune homme de vingt-cinq ans qu'une tradition de famille enchaîne à la royauté se lèvera
tout à coup, et lancera aux vainqueurs ces fières
paroles : C'est une honte pour vous de ramasser
les blessés du champ de bataille, pour les porter à
l'échafaud ! — Ney, Cambronne, Debel, Canuel,
Donadieu, sont tour à tour ses clients. Il les défend
avec ardeur, il a tous les élans, toutes les passions,
il s'attendrit et s'indigne, et devant des juges com-
plaisants ou prévenus remue les fibres de la conscience et agite le remords.

Sa vie sera un éternel combat, car il s'est enrôlé sous la bannière du droit et de la liberté. Sa voix criera toujours pour réclamer le respect de toutes les convictions ; il défendra la liberté religieuse dans Lamenais, la liberté politique dans Chateaubriand. Un jour viendra où, sur cette terre de France incessamment remuée par les partis, un prince exilé, l'héritier d'un grand nom, fera appel à sa parole. Toutes les douleurs sont sœurs, la souffrance unit les âmes, et deux hommes partis de camps divers se trouvent réunis dans une même pensée : l'un l'accusé, l'autre le défenseur, et devant la chambre des Pairs nous assistons à un spectacle digne d'Athènes ou de Rome, où l'avocat couvre de sa parole et abrite sous les plis de sa toge le neveu d'un Empereur.

Quel souffle puissant anime l'orateur, combien est large sa pensée, combien son courage est à la hauteur de son devoir ! Ecoutez ces paroles qui sont de tous les temps, de tous les lieux, consolantes toujours, qui sont enfin le défi du droit à la force triomphante : « Eh ! Messieurs, le succès serait-
» il donc devenu la base des lois morales, la base
» du droit? Si le succès fait tout, vous qui êtes des
» hommes, qui êtes les premiers de l'Etat, qui
» êtes les membres d'un grand corps politique,
» je vous dirai : Il y a un arbitre inévitable, éter-
» nel, entre tout juge et tout accusé ; avant de ju-
» ger devant cet arbitre et à la face du pays qui

» entendra vos arrêts, dites-vous, le droit, les
» lois, la constitution devant les yeux : la main
» sur la conscience, devant Dieu et devant nous
» qui vous connaissons, dites : s'il eût réussi, s'il
» eût triomphé, ce droit je l'aurais nié, j'aurais
» refusé toute participation à ce pouvoir, je l'au-
» rais méconnu, je l'aurais repoussé. Moi, j'ac-
» cepte cet arbitrage suprême, et quiconque d'en-
» tre vous, devant Dieu, devant le pays me dira :
» s'il eût réussi, j'aurais nié ce droit, celui-là,
» je l'accepte pour juge. »

La tribune judiciaire n'était pas assez vaste
pour le génie de Berryer. En 1830, la race sécu-
laire des Bourbons de la branche aînée avait re-
pris pour la troisième fois le chemin de l'exil,
comme si Dieu voulait enfin, après tant de souf-
frances et de martyrs, en la désintéressant des
agitations de ce monde, lui laisser les sympathies
de l'avenir. Berryer reste fidèle à son roi et don-
ne à notre siècle un exemple d'autant plus salu-
taire qu'il a été rare, la constance dans les amours
politiques.

Tout trahit autour de lui, les amis de la veille
deviennent les ennemis du lendemain, les palino-
dies politiques commencées après Waterloo con-
tinuent après juillet 1830, comme elles se répé-
teront plus tard en puisant un encouragement
dans la tradition; chaque soubresaut des événe-

ments voit des dévouements tourner au vent de la faveur ; la grande âme de Berryer s'indigne, l'avocat se fait tribun. A la barre politique il y a des exemples à donner, l'histoire à rappeler à ceux qui en oublient les leçons, des infortunes à faire respecter, des libertés publiques à défendre, une parole vengeresse à faire entendre ; Berryer ne faillira point à sa mission.

Qu'il est beau, qu'il est grand à la tribune ! écoutez la voix de Timon :

« La nature a traité Berryer en favori. Sa statue n'est pas élevée, mais sa belle et expressive figure peint et reflète toutes les passions de son âme. Il vous fascine de son regard fendu et velouté, de son geste merveilleusement beau comme sa parole. Il est éloquent dans toute sa personne. Il domine l'assemblée de sa tête haute. Il la porte en arrière comme Mirabeau, ce qui la dilate et l'épanouit. Il s'établit à la tribune, et il s'en empare comme s'il en était le maître, j'allais dire le despote. Sa poitrine se gonfle, son buste s'étale, sa taille s'allonge et l'on dirait un géant. Il questionne, il interpelle, il étourdit son adversaire, afin qu'il se découvre à l'improviste, et qu'il puisse le percer sur le champ au défaut de la cuirasse. »

Cet homme, Messieurs, dont l'âme comprenait toutes les grandeurs, n'a jamais eu un mot sévère

pour la Convention : que dis-je, accusé un jour
d'en avoir trop le respect, il laissera échapper de
son patriotisme ce mot qui serait à lui seul une
réhabilitation : Je remercie la Convention d'avoir
sauvé l'indépendance de la France. Il sera révolutionnaire parfois, car il sait que le bonheur est
dans la liberté et la liberté dans le courage, et
aux ministres qui croient répondre à tout, en je-
tant à la tête d'un orateur, l'épithète de cynique
révolutionnaire, il dira avec dédain :

« Il y a quelque chose de plus honteux que le
» cynisme révolutionnaire, c'est le cynisme de l'a-
» postasie. »

La dynastie cadette des Bourbons s'ébranle à son
tour sous les coups répétés de Berryer et de cette
vaillante phalange démocratique, qui fille de la Ré-
volution ne renie pas sa mère, et poursuit avec
constance le gouvernement du peuple par le peuple. La barricade se dresse, un roi fuit, et lorsque la fumée du canon de Février s'est dissipée,
apparaît l'aurore d'une jeune et brillante Répu-
blique. L'échafaud politique s'écroule, le suffrage
universel est proclamé, le progrès dans sa mar-
che fatale détruit les espérances des restaurations
de droit divin.

Berryer aimera toujours la royauté ; dans son
cœur il lui élèvera un autel où il ira prier et
épancher ses douleurs secrètes. Mais il est du

peuple et s'en souvient ; son âme vibre d'émo-
tions trop nobles pour rester insensible au spectacle grandiose qui s'offre à elle dans l'épanouisse-
ment d'un peuple maître de ses destinées. S'il n'a
plus de roi à défendre, il a le peuple à protéger,
des entraînements à modérer, son pays à sauver ;
il restera dans les assemblées Républicaines.

Permettez-moi, Messieurs, de jeter de 1852 à
1863 un voile sur des évènements qui sont encore trop près de nous, pour qu'un jeune homme
ose les juger.

Vaincu au deux décembre, après avoir coura-
geusement tenu tête à l'orage, Berryer rentre
dans la vie privée, porte fièrement le deuil des
libertés disparues, et pour défendre ce qu'il en
reste encore, revêt la robe des premiers jours.
Pendant douze années, il n'est pas de droit qu'il
ne défende à la barre des tribunaux contre les
envahissements du pouvoir : la liberté de la presse,
la liberté d'association, la liberté de coalition, la
liberté des correspondances, la liberté des élec-
tions.

Marseille, en 1863, le proclame député ; il rentre dans la vie publique pour y faire, quoique
brisé par tant de luttes, encore un peu de bien à
son pays. Ce ne sont plus dès lors, pour emprun-
ter à Bossuet une parole que je crois l'expression
du dernier rôle parlementaire de Berryer, que

les restes d'une voix qui tombe et d'une ardeur qui s'éteint.

Que d'ardeur encore dans ces restes que la mort va bientôt glacer ! Le 14 février de cette année, à propos de la loi sur la presse, Berryer présente un amendement qui a trait à la magistrature, et demande que la composition des diverses chambres se fasse en audience publique par la voie du tirage au sort. Il développe son amendement, il entasse arguments sur arguments ; un mot part de la droite qui accuse l'orateur d'avoir un sentiment de défiance contre la magistrature. Ce mot de défiance l'indigne, lui qui a été de la magistrature l'auxiliaire dévoué pendant cinquante années de sa carrière, il se retourne et répond en mettant les vérités hardies de sa harangue à couvert derrière les actes de sa vie entière :

« Laissez-moi vous dire que ma vie a été dou-
» ble, elle s'est composée de deux existences.
» Voilà un siècle entier tout à l'heure que mon
» pére et moi, mon père dont je me suis efforcé
» de suivre les conseils et les exemples, mon père
» qui était avocat au parlement en 1776, voilà
» bientôt un siècle que mon père et moi, nous
» sommes restés constamment, fidèlement et par
» le cœur comme par la pensée, attachés à l'ordre
» judiciaire dans l'exercice du barreau, nous as-
» sociant aux œuvres de la justice comme des

» auxiliaires indépendants et respectueux. C'est,
» Messieurs, ce sentiment et ce respect persévé-
» rants qui m'ont fait proposer l'amendement dont
» il s'agit, et que je crois dans mon âme et cons-
» cience protecteur de la dignité de la magistra-
» ture. » Les applaudissements de la gauche té-
moignèrent de la sincérité de l'orateur.

Au palais, il lutte toujours. Laissez-moi évoquer
un souvenir personnel. Il y a cinq mois, avant
que le barreau de Bastia ne m'eût accueilli avec
une bonté dont je garderai toujours le plus doux
souvenir, j'étais à la première chambre du tribu-
nal de la Seine. C'est la dernière fois qu'il m'a été
donné d'entendre le maître incomparable. Il plai-
dait une grande cause, il avait pour cliente la Ré-
publique des États-Unis d'Amérique. Quatre
audiences n'avaient point épuisé la discussion.
Berryer avait à lutter contre de redoutables adver-
saires, et sentit le besoin de resserrer par une ré-
plique les éléments du procès, et de caractériser le
but qu'avaient poursuivi les chefs des États confé-
dérés, c'est-à-dire la perpétuité de l'esclavage. Je
n'oublierai jamais les vibrations de sa voix, mes
oreilles sont pleines encore de ses paroles, ma mémoire les a religieusement conservées.

« La perpétuité de l'esclavage, s'écriait-il, voilà
» le but qu'on se proposait de justifier ici, au nom
» des principes libéraux, et contre quoi? Contre

» la résistance justement et noblement opposée par
» cette grande et belle fédération américaine ;
» cette fédération à la naissance de laquelle la
» France a si glorieusement contribué dans les
» dernières années de notre ancienne monarchie,
» cette fédération qui a constitué un grand peuple,
» magnifique par l'harmonie libérale de ses insti-
» tutions, par les principes de droit commun qui
» dominent austèrement toutes les volontés, dans
» le sein de cette société, et qui en ont fait une
» nation immense ! Elle grandit tous les jours par
» ses libertés fécondes et conservatrices, cette na-
» tion, recueillant pour s'accroître tous ceux qui
» souffrent dans le reste du monde, et viennent
» pour être grands, pour être respectés dans leurs
» droits, pour être libres et heureux, se faire ci-
» toyens des États-Unis ! »

Ce beau tableau de la fédération Américaine qu'il venait de dessiner à grands traits, et avec de si brillantes couleurs, restera éternellement devant mes yeux.

Nous n'entendrons plus, Messieurs, la voix de Berryer. La mort impitoyable a couché dans la tombe le prince des orateurs. La France a perdu un de ses glorieux enfants, l'humanité un ami. Mais, selon la belle pensée de Thucydide, la terre entière est le mausolée des hommes illustres ; la mémoire de Berryer vivra toujours, la postérité se transmettra d'âge en âge ce dépôt sacré. Les barreaux de France seront éternellement fiers d'avoir compté dans leurs rangs Berryer, et si jamais la calomnie veut mordre à cette grande renommée, elle s'y brisera la dent.

Vous avez, Messieurs, décidé que le portrait de Berryer serait placé dans la salle des conférences, à côté de celui du Premier Président Comte Colonna d'Istria, dont nous avons pleuré la perte il y a quelques années. Jamais on ne verra une plus touchante et plus heureuse union. Ces deux grands hommes de bien étaient nés l'un pour l'autre. L'un personnifie la profession d'avocat, la vie de l'homme de lutte, l'auxiliaire de la justice, du magistrat qu'il éclaire, du droit qu'il défend contre la ruse ou la force, et dont la vie n'obéit qu'à deux lois, celles du travail et de l'indépendance. C'est l'homme enfin qui n'ambitionne qu'un honneur, celui du bâtonnat, comme couronnement de sa carrière, sûr qu'après une vie toujours noble, il sera le gardien vigilant des droits et de la dignité de son Ordre. L'autre, c'est la loi parlante, la science, la bienveillance, la protection de tout ce qui est grand, justice, liberté, vérité. Il place son devoir au-dessus des intérêts de l'ambition, et pour le caractériser par un mot d'un grand magistrat lui-même, il rend des arrêts et jamais des services.

Sous la double sauvegarde de Berryer et de Colonna, nous pouvons, mes chers confrères, cheminer sans crainte dans notre voie. Aux heures de tristesse et de découragement, le doux regard qui se détachera de la toile ou du marbre, sera pour nous comme pour le voyageur désespéré, le rayon lumineux qui ravive le courage en rendant l'espérance.

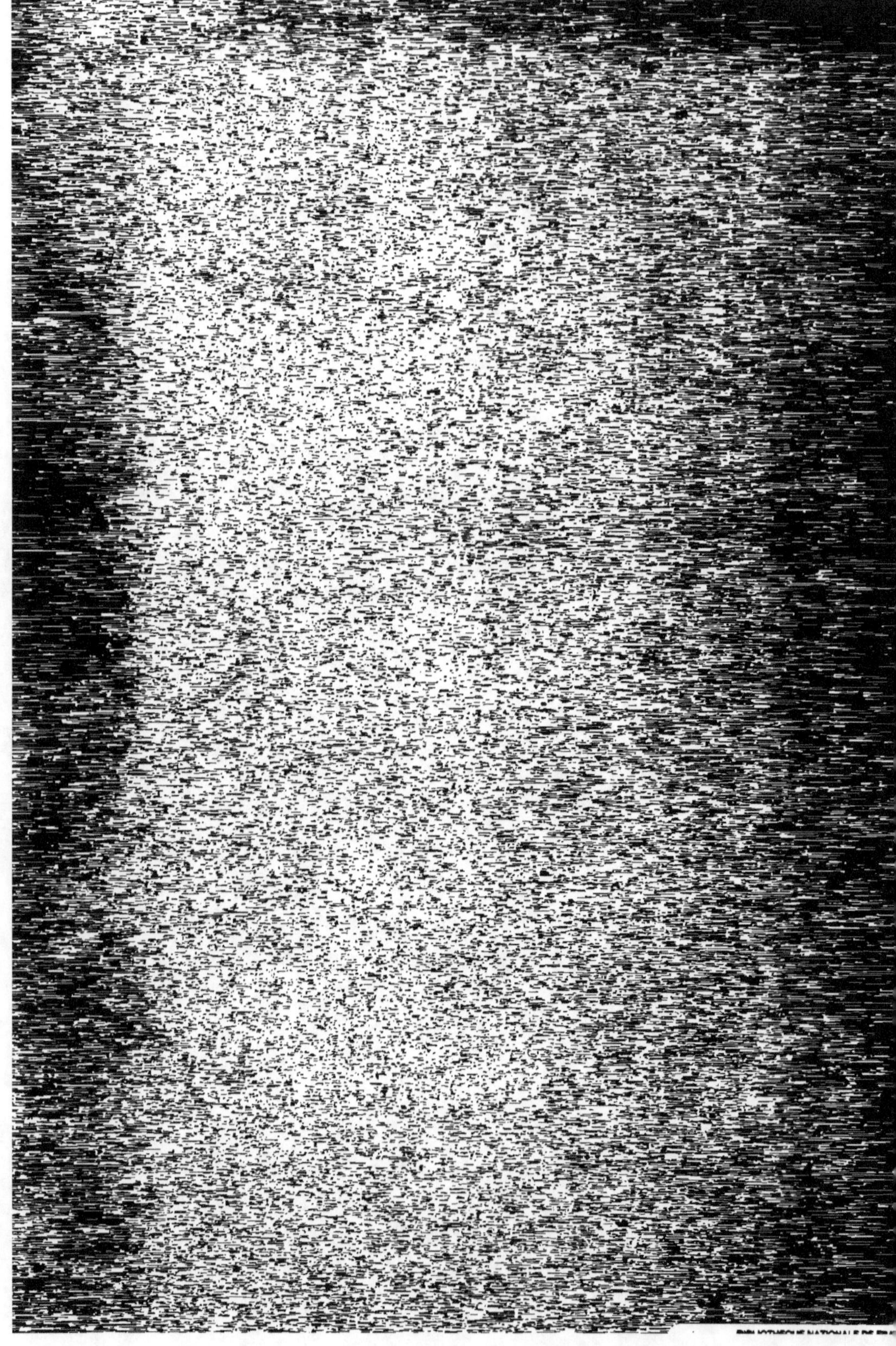